新訂

融資業務
トレーニングドリル

ビジネス教育出版社●編

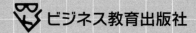
ビジネス教育出版社

Let's Try

テキストをどれだけ理解しているか確認してみよう！

　次の記述のうち、正しいものには〇印を、誤っているものには×印を（　　）の中に記入してください。

■第1章　まず、知っておきたいこと

（　　）1．銀行の役職員は守秘義務を負っているが、顧客の秘密を第三者に漏らした場合でも、損害賠償責任を負うことはない。

（　　）2．過当な歩積・両建預金は、独占禁止法の禁じる「優越的地位の濫用」と解され、違反すると業務改善命令などを受ける場合がある。

（　　）3．融資取引に必要な法令の基本となるのが、私たちが社会生活を営むうえでの基本的なルールを定めた憲法である。

（　　）4．個人保証契約の締結にあたっては、保証債務が実行されることによって自らが責任を負担することを受容する意思を形成するに足る説明を行う必要がある。

（　　）5．連帯保証契約では、契約に際して、補充性はあるが分別の利益がないことなど、通常の保証契約とは異なる性質を有することについて、相手方の知識・経験等に応じた説明が求められる。

（　　）6．第三者が担保提供者の場合や保証人の意思確認は、必ず役席者同席のうえ面前で確認する。

（　　）7．銀行がお客さまとはじめて融資取引を行う際には、融資取引の基本約定書である金銭消費貸借契約書を必ず締結することになっている。

（　　）8．銀行は、相手方が暴力団等反社会的勢力であることが判明した場合には、契約締結の拒絶、または期限の利益の喪失により債務を弁済しても

らい契約関係を終了させることができる。

( ) 9. 権利能力なき社団との取引にあたっては、規約の提出を求めて確認したうえで、規約に従って選出された代表者と取引をする。

( ) 10. 株式会社との取引は、社長または代表取締役として登記されている人と行う必要がある。

■第2章　融資取引の種類は？

( ) 11. 金銭消費貸借契約は、書面によることを要件として、金銭（物）を交付しなくても合意のみで成立が認められる。

( ) 12. 手形貸付は、長期の運転資金や設備資金の借入に利用されることが多い。

( ) 13. 約束手形には通常、8つの手形要件があるが、銀行借入用の手形はあらかじめ印刷されている事項があり、お客さまが記載するのは、金額・支払期日・振出日・振出地・振出人の署名の5つである。

( ) 14. 手形貸付を実行すると、銀行は金銭消費貸借契約に基づく貸金債権と手形債権という2つの債権を持つことになる。

( ) 15. 手形貸付の貸付利息は、貸付金×利率×日数÷365 日（貸出日だけを数える片端入れで計算する）で算出する。

( ) 16. 手形貸付の手形期日が到来したときに、さらに融資期限を延長する場合には、新たな期日を満期日とする新手形をお客さまから提出してもらう。

( ) 17. 証書貸付の書替には、旧証書と同じ金額で書き替える同額書替と、一部を返済し、その残金について書き替える減額書替がある。

( ) 18. 手形割引では、銀行は支払期日までの利息（割引料）を額面金額から差し引いて買い取り、その利息が銀行の収益となる。

( ) 19. 総合口座の定期預金を担保とした当座貸越を利用できるのは、法人に限られている。

( ) 20. 提携方式の個人ローンは、銀行が商品やサービスを販売する会社と提

携して高額の耐久消費財などの購入資金を融資する方式である。

■第3章　融資の受付・審査

（　　）21.　融資申込書の記入事項は、融資担当者がお客さまからヒアリングして記入し、必ず署名捺印していただくようにする。

（　　）22.　お客さまが融資を希望する期間は、資金使途や返済方法にもよるが、通常は運転資金ならば長期、設備資金ならば短期となる。

（　　）23.　季節資金、つなぎ資金は、いずれも「運転資金」に分類され、企業が営業活動を行っていくうえで必要な資金である。

（　　）24.　融資の受付時点で赤字補填資金と判断した場合には、赤字の原因、赤字解消の見込みと方策、赤字解消に要する資金量という3つのポイントで話を進める。

（　　）25.　法人の代表者が誰であるのかは、商業登記簿の登記事項なので、登記事項証明書によって確認することができる。

（　　）26.　同一物件に2個以上の抵当権が設定された場合の、抵当権の間の優先順位は、設定契約の順序によって決定される。

（　　）27.　手形の信用調査は、支払金融機関に対して文書や電話で調査する方法をとる。

（　　）28.　売上高に対応する原価のことを販売費・一般管理費（販管費）という。

（　　）29.　守秘義務は、取引が開始してから終了するまで負担することになる。

（　　）30.　受付を謝絶した案件については、できるだけ早く申込人に連絡する必要があるが、謝絶の理由を明確に説明することは避けるべきである。

■第4章　担保・保証

（　　）31.　担保は債務者が自己の所有しているものを提供するのが通常であるが、債務者が担保を持っていない場合などには、第三者が担保を提供する方法がある。

（　　）32.　質権とは、債権者がその債権の担保として提供を受けた担保物件を、債

務が弁済されるまで債権者のもとにおいておき（動産または不動産の場合）、弁済されない場合にはそれを換価して、その代わり金で他の債権者よりも優先して弁済を受ける権利のことをいう。

（　）33．有価証券担保は、国債や公社債などの有価証券を担保とするもので、株式などは価格の変動が激しいため担保として取り扱わない。

（　）34．抵当権は、担保として契約した目的物（土地・建物などの不動産）の引渡しを受けず、債務が弁済されない場合にその目的物を処分して、その代金から優先的に弁済を受けることができる担保権である。

（　）35．根抵当権は、一定の範囲に属する特定の債権を極度額まで担保する抵当権である。

（　）36．民法は、不動産（土地・建物）、地上権、永小作権についてのみ抵当権設定ができると定めている。

（　）37．抵当権の設定は、抵当権者と抵当権設定者との間の意思表示によってその効力が生じるため、登記をしなくても第三者に対抗することができる。

（　）38．農地を担保にするときには、農業委員会への届出により権利移転が可能な市街化調整区域内の農地で、都市計画法にもとづく開発許可を受けていて、かつ転用届が受理されているものに限るべきである。

（　）39．事業用融資の第三者保証については、契約の締結時に、保証人になろうとする者（法人を除く）が保証意思を表示した公正証書を作成する必要がある。

（　）40．債務者が債権者のために保証人を立てなければならない場合には、保証人は、①行為能力者であること、②主債務を弁済できる資力があることが必要となる。

■第５章　融資の実行と管理・回収

（　）41．条件違反融資を行うと、融資担当者だけでなく責任者も含めて、刑法の背任罪、会社法の特別背任罪などに問われることがある。

（　　）42. 銀行取引約定書には、債務者の署名捺印が必要であるが、契約書ではないので収入印紙を貼付する必要はない。

（　　）43. 提出書類の代筆は厳禁で、原則として、すべて契約者本人に書いてもらう。

（　　）44. 融通手形とは、商取引の裏付けがなく、資金繰りに困ったときなどに融通してもらう相手に依頼して、振り出してもらう手形のことである。

（　　）45. 手形貸付の融資実行後の管理においては、手形現物の管理がもっとも重要となる。

（　　）46. 手形貸付の弁済期を延長した場合に更改と認められると、旧債務は消滅して新債務が発生することになるが、旧債務についていた担保権や保証は引き継がれる。

（　　）47. 不渡報告に掲載された者について、6カ月以内に2回目の情報が登録されると取引停止処分を受け、電子交換所のすべての参加銀行との間で、5年間にわたり当座勘定取引と貸出取引が停止される。

（　　）48. 相殺とは、債務者に返済能力がない場合、または返済の意思がない場合で、債権者が債務者に対して同種の債務を持っているときに、その債権と債務を対当額で消滅させる一方的な意思表示をいう。

（　　）49. 債権は、債権者が権利を行使することができることを知った時から5年間行使しないとき、または、権利を行使することができる時から10年間行使しないときに、そのいずれかが経過した場合に時効によって消滅する。

（　　）50. 当座貸越契約は、被相続人の死亡によっても終了せず、死亡時の貸越残高が相続人によって承継される。

Challenge
大切なことを、書いて身につける応用問題です。

問題1　次の文章の（　　）の中に入る最も適切な語句を解答欄に記入してください。なお、同一の問題で同じ番号には同じ語句が入ります。

1．銀行が国民経済に及ぼす影響力は大きく、金融機能を通じて地域経済の発展に役立つための（　①　）・社会的使命と（　②　）を負っており、それを果たすための（　③　）な活動が求められている。融資業務を行うにあたっては、（　④　）やルール等を逸脱しないように心がけることが大切で、お客さまへの（　⑤　）態勢が構築されているか、そしてそれが機能しているかどうかが問われる。

【解答欄】

①............................　②............................　③............................

④............................　⑤............................

2．銀行取引約定書は、お客さま（企業・事業者）との融資取引の（　①　）約定書で、融資取引を（　②　）するときに取り交わすことになっており、取引の（　③　）を図るために、取引のうえで生ずる（　④　）や義務等についての（　⑤　）が網羅されている。

【解答欄】

①............................　②............................　③............................

④............................　⑤............................

7

3．任意後見制度は、高齢者など本人が十分な判断能力があるうちに、将来に備えてあらかじめ自らが選んだ（　①　）に、財産管理等に関する事務について（　②　）権を与える任意後見契約を（　③　）で結んでおき、本人の判断能力が低下した後に、（①）が、任意後見契約で決めた事務について、（　④　）が選任する（　⑤　）の監督のもと本人を（②）して契約などをすることによって、本人の意思にしたがった適切な保護・支援をすることが可能となる。

【解答欄】

①....................................　②....................................　③....................................

④....................................　⑤....................................

4．手形貸付に使用される約束手形の支払場所と（　①　）は（　②　）で、満期日は融資金の（　③　）期日または書替予定日、手形金額は（　④　）、振出日は（　⑤　）となる。

【解答欄】

①....................................　②....................................　③....................................

④....................................　⑤....................................

5．証書貸付の返済方法には、一括返済と（　①　）がある。（①）による返済方法には、毎月返済する元金に利息を加えた金額を均等にする（　②　）と、最初の融資金額を（　③　）で割って、毎回返済する元金を均等にし、そこに利息を加えて返済する（　④　）とがあり、（②）は（　⑤　）などの返済に用いられる。

【解答欄】

①....................................　②....................................　③....................................

④....................................　⑤....................................

6. 融資契約は、当事者の一方が種類、品質および（ ① ）の同じ物をもって（ ② ）をすることを約し、相手方から（ ③ ）その他の物を受け取ることによって、その効力を生ずるとされている。その意味で融資契約は、（ ④ ）によってはじめて成立する要物契約であると解されてきたが、民法の改正により、（ ⑤ ）がある場合に限って、諾成的消費貸借の成立を認めることとされた。

【解答欄】

① ....　② ....　③ ....

④ ....　⑤ ....

7. 物的担保とは、特定の財産または（ ① ）を債権の担保とするもので、債権の回収が不能となった場合には、その財産を（ ② ）することで回収にあてることができる。これに対して人的担保とは、ある人の（ ③ ）を担保とする（「（ ④ ）」という）もので、その人の一般的信用を含めてその人の（ ⑤ ）を引当てとする。

【解答欄】

① ....　② ....　③ ....

④ ....　⑤ ....

8．抵当権の設定契約は、法的には口頭でも成立するが、後日の紛争を避けるためにも、（　①　）として契約書（抵当権設定契約証書）を作成する。この契約書は（　②　）にも必要となる。契約にあたってもっとも注意すべきことは、所有者の（　③　）の確認である。法人が担保提供者の場合は、担保提供が定款などに定められた法人の（　④　）の範囲内の行為であるかどうか、また、（　⑤　）の承認の有無についても注意する必要がある。

【解答欄】

①..　②..　③..

④..　⑤..

9．連帯保証の性質としては、⑴ 連帯保証人には（　①　）の抗弁権も検索の抗弁権もなく、（　②　）があった場合には、債務者と保証人のどちらに先に（　③　）しても、またどちらの財産から先に執行してもよいこと、⑵ 連帯保証人には（　④　）の利益がなく、連帯保証人が数人いても、それぞれに（　⑤　）の保証債務を請求することができることがあげられる。

【解答欄】

①..　②..　③..

④..　⑤..

10．署名は（　①　）が原則である。また、実務で使われる印章は（　②　）で、（　③　）を差し入れてもらうのが一般的である。署名について注意しなければならないのは、⑴ 個人商店の場合は、通常、（　④　）を記すべきこと、⑵ 法人の場合は、法人名・（　⑤　）・代表者氏名が必要なこと、などである。

【解答欄】

①..　②..　③..

④..　⑤..

問題2

（問　1）融資を提供する銀行は、融資先に対して優位な立場にあり、その立場を利用して顧客に不利な行為や不利益を与える行為（優越的地位の濫用）を禁じられていますが、どのような行為が「優越的地位の濫用」等に該当しますか。箇条書きで記述しなさい。

①

②

③

④

⑤

（問　2）「期限の利益」が喪失するのはどのような場合か。民法137条が掲げる期限の利益の喪失事由を3つあげなさい。

①

②

③

（問　3）手形割引の申込みがあった場合の手形の信用調査における、手形振出の裏付けについてのチェック項目を3つあげなさい。

①

②

③

（問　4）企業から融資の申込みがあった場合に、決算書（財務諸表）の計数分析から読みとるポイントを4つあげなさい。

①……………………………………………………………………………………

②……………………………………………………………………………………

③……………………………………………………………………………………

④……………………………………………………………………………………

（問　5）抵当権の法的性質に関する次の用語について、簡潔に説明しなさい。

①　付　従　性：………………………………………………………………………

　　　　　　　　………………………………………………………………………

②　随　伴　性：………………………………………………………………………

　　　　　　　　………………………………………………………………………

③　物上代位性：………………………………………………………………………

　　　　　　　　………………………………………………………………………

④　不　可　分　性：…………………………………………………………………

　　　　　　　　………………………………………………………………………

問題3　次に掲げるＡ工業株式会社の貸借対照表と損益計算書をもとに、財務比率を計算してください（小数点2位以下四捨五入）。

Ａ工業株式会社　貸借対照表

（単位：百万円）

流動資産		流動負債	
現金・預金	86	支払手形	23
受取手形	30	買掛金	60
売掛金	103	短期借入金	26
棚卸資産	61	その他	19
その他	66	流動負債計	128
流動資産計	346	固定負債	
固定資産		長期借入金	187
有形固定資産	180	固定負債計	187
投資その他の資産	33	純資産	
固定資産計	213	株主資本（自己資本）	244
		純資産計	244
資産合計	559	負債・純資産合計	559

Ａ工業株式会社　損益計算書

（単位：百万円）

売上高	908
売上原価	700
売上総利益	208
販売費及び一般管理費	143
営業利益	65
営業外損益	−8
経常利益	57
特別損益	−1
税引前当期純利益	56
法人税等	20
当期純利益	36

1 収益性を分析する比率
・売上高対経常利益率

（算出式） ＿＿＿＿＿＿＿％

・売上高対総利益率（売上総利益率）

（算出式） ＿＿＿＿＿＿＿％

2 安定性を分析する比率
・固定比率

（算出式） ＿＿＿＿＿＿＿％

・固定長期適合率

（算出式） ＿＿＿＿＿＿＿％

3 流動性を分析する比率
・流動比率

（算出式） ＿＿＿＿＿＿＿％

・当座比率

（算出式） ＿＿＿＿＿＿＿％

4　効率性を分析する指標

　・棚卸資産回転期間

　　（算出式）　　　　　　　　　　　　　　　　　　　　　　　_____月

　・固定資産回転率

　　（算出式）　　　　　　　　　　　　　　　　　　　　　　　_____回

（問　1）金融庁「監督指針」が求める「与信取引等に関する顧客への説明態勢」に関する次の記述のうち、誤っているものはどれですか。

1　経営者以外の第三者と根保証契約を締結する場合には、原則として、定期的に被保証債務の残高・返済状況について情報を提供する。

2　経営者以外の第三者との間で個人連帯保証契約を締結する場合は、原則として、経営に実質的に関与していない場合であっても保証債務を履行せざるを得ない事態に至る可能性があることについての説明を行う。

3　顧客の要望を謝絶し貸付契約に至らない場合、これまでの取引関係や、顧客の知識、経験、財産の状況および取引を行う目的に応じ、可能な範囲で、謝絶の理由等についても説明する。

解答欄＿＿＿＿＿＿＿＿

（問　2）期限の利益に関する次の記述のうち、正しいものはどれですか。

1　期限の利益とは、期限がまだ到来していないことにより受ける利益のことで、融資をした銀行は、必要があれば、返済期限までに債務者から全額を返済してもらえるということである。

2　返済が滞ったときや取引約定に違反したような場合、債務者は期限の利益を主張できず、銀行からの返済請求により、債務者は期限の利益を喪失し、ただちに弁済しなければならない。

3　債務者が破産手続開始の決定を受けたというだけでは、債務者の期限の利益は喪失しない。

解答欄＿＿＿＿＿＿＿＿

（問　3）印鑑登録証明書に関する次の記述のうち、正しいものはどれですか。

1　個人の印鑑登録証明書は、市区町村が発行し、印鑑登録者本人または代理人に交付される。

2　個人と取引する際に相手方が本人であることを確認するためには、本人の印鑑登録証明書があれば十分である。

3　印鑑の登録ができるのは、住民基本台帳に記録されている人であるが、外国人は除外されている。

解答欄＿＿＿＿＿＿＿

（問　4）株式会社の代表取締役に関する次の記述のうち、誤っているものはどれですか。

1　代表取締役は、会社の営業に関する一切の裁判上や裁判外の行為を行う権限を持っているので、銀行取引は、必ず代表取締役と行うことになる。

2　代表取締役が複数名いる場合は、それぞれ代表権をもっているので、各自が単独で会社を代表できる。したがって、銀行は、申出のあった代表取締役と取引すればよい。

3　会社における「社長」という肩書は、登記上も「社長」と記録されている。

解答欄＿＿＿＿＿＿＿

（問　5）当座貸越に関する次の記述のうち、誤っているものはどれですか。

1　当座貸越とは、当座預金取引先と当座貸越契約を結んでおけば、当座預金残高がない場合であっても、当該取引先が振り出した手形・小切手の金額に関係なく、いつでも決済が可能な融資方法である。

2　当座貸越契約を結んだ取引先は、貸越極度額の範囲内であれば、反復継続して融資が受けられ、いつでも返済することができる。

3　個人のお客さまに対して、総合口座の定期預金を担保として自動的にお金を貸し付けるサービスも、当座貸越の1つである。

解答欄＿＿＿＿＿＿

（問　6）融資の受付に関する次の記述のうち、誤っているものはどれですか。

1　融資の受付に際しては、謙虚に誠意をもってお客さまの申込内容に耳を傾け、正確にその内容を理解しなければならない。

2　お客さまが融資を必要とする事情を客観的に把握するためには、お客さまが考えていることを全部話してもらう、つまり、聞き上手になることが大切である。

3　融資の受付時には、自分自身の主観を入れながらお客さまの話の内容を補足し、事情を把握することが大切である。

解答欄＿＿＿＿＿＿

（問　7）融資の申込内容の聴き取りと確認に関する次の記述のうち、誤っているものはどれですか。

1　融資する資金が実際にどのような使い方をされるかを知り、その融資が適正であるのかを検討することが大切である。

2　融資の申込みにあたって、融資担当者としては、融資を必要とする直接的な資金使途を確認しさえすれば十分である。

3　「貸すも親切、貸さぬも親切」というのは、必要以上の融資が必ずしもお客さまのためにはならない、ということを意味している。

解答欄＿＿＿＿＿＿＿

（問　8）工場などの立地条件や商品の販売等の調査に関する次の記述のうち、誤っているものはどれですか。

1　工場の立地条件としては、周辺に住宅地がなく、交通事情が良好で輸送コストの低いところが良い。

2　企業の発展は、主力商品の市場性、収益性によって決まるので、調査にあたっては、その商品の特質、市場性の強弱を把握することが大切である。

3　原材料や部品などの主力仕入先や商品の主力販売先は、企業の業績や成長に大きな影響を与えるが、仕入条件や販売条件については、企業によって大きく異なるのであまり参考にはならない。

解答欄＿＿＿＿＿＿＿

（問　９）個人情報の保護に関する次の記述のうち、正しいものはどれですか。

1　個人情報とは、生存する個人に関する情報であって、氏名、生年月日などにより、その情報の本人が誰であるか特定の個人を識別できるものをいう。

2　統計情報や、健康状態、財産の状況に関する情報は、匿名化されており特定の個人を識別することができないものであっても個人情報に該当する。

3　お客さまとの契約締結に伴って個人情報を取得する場合は、あらかじめ利用目的を明示する必要があるが、利用目的についてお客さまの同意を得ることまでは求められていない。

解答欄＿＿＿＿＿＿

（問　10）不動産担保に関する次の記述のうち、正しいものはどれですか。

1　不動産を担保にとる場合、最初に調査する必要があるのは、所有者の確認と所有者の担保提供意思の確認である。

2　不動産を担保にとる場合には、土地とその土地の上に建築されている建物は別個の不動産であるので、土地と建物は別個に担保として取得するのが基本である。

3　担保不動産の所有者が融資申込人の家族の場合には、所有者の意思確認は不要である。

解答欄＿＿＿＿＿＿

Master

学習の成果を試す実力確認テストです。復習も忘れずに！

問題1　コンプライアンス（法令等の遵守）に関する次の記述のうち、誤っているものはどれですか。

1　融資の第一歩は、銀行がコンプライアンスを広く求められていることを理解することから始まる。

2　融資先の事業に対する過剰な関与等は、優越的地位の濫用として独占禁止法で禁じられている。

3　浮貸しとは、多額の預貯金を受け入れる代わりに、特定の第三者に無担保で融資することを約束したり、第三者のために債務の保証をすることを条件とするような行為をいい、出資法3条で禁じられている。

解答欄＿＿＿＿＿＿

問題2　銀行取引約定書に関する次の記述のうち、正しいものはどれですか。

1　銀行取引約定書は、住宅ローンや消費者ローンなどを含めたすべての融資取引の基本的な契約書である。

2　銀行取引約定書を取り交わす理由の1つとして、法律ではカバーできない部分を補う必要がある点があげられる。

3　銀行取引約定書は、与信取引のほか、預金取引、為替取引などの受信取引にも適用される。

解答欄＿＿＿＿＿＿

問題3 取引を有効に行うための能力に関する次の記述のうち、正しいものはどれですか。

1 意思能力のない者がした契約は、取り消すことができるとされている。
2 民法は法人に権利能力（法人格）を認めており、法人の名義で法律行為をすることができる。
3 行為能力の制限された者がした契約は、無効とされている。

解答欄＿＿＿＿＿＿

問題4 未成年者との取引に関する次の記述のうち、誤っているものはどれですか。

1 未成年者との取引は、原則として法定代理人の同意が必要となる。
2 未成年者の法定代理人は第一に親権者で、父母が存在する場合は共同して親権者となる。離婚、死亡等で一方が欠けた場合は、他の一方となる。
3 未成年者に親権者がいない場合は、未成年者の親族等が法定代理人となる。

解答欄＿＿＿＿＿＿

問題5　法定後見制度に関する次の記述のうち、正しいものはどれですか。

1　成年被後見人には、家庭裁判所が選任した成年後見人が付され、成年被後見人のすべての法律行為につき、成年後見人が法定代理人としての地位を有する。

2　被保佐人が借財・保証などの行為や家庭裁判所により追加された行為をする場合は、保佐人が被保佐人本人のために代理する旨を表示して行う。

3　本人以外の請求による補助開始の審判には、本人の同意が必要とされており、家庭裁判所は、特定の法律行為について、補助人に同意権、取消権や代理権を与えることができる。

解答欄＿＿＿＿＿＿

問題6　金銭消費貸借契約に関する次の記述のうち、正しいものはどれですか。

1　金銭消費貸借契約は、契約書の有無にかかわらず、目的物の引渡しや権利移転の事実が要件とされる契約である。

2　金銭消費貸借契約証書という借用証書をお客さまから差し入れてもらう融資方法を、証書貸付という。

3　金銭消費貸借契約は、お客さまから借用証書を差し入れてもらわなければ成立しない。

解答欄＿＿＿＿＿＿

問題7 手形貸付に関する次の記述のうち、誤っているものはどれですか。

1 手形貸付は、融資額と同額の銀行あての約束手形を借用証書とともに差し入れてもらう融資方法である。

2 手形貸付は、資金使途が運転資金であっても設備資金であっても、返済期間が短期の場合に多く利用されている。

3 手形貸付の法的性質としては、銀行は金銭消費貸借契約に基づく債権と民法上の手形債権の2つの債権をもつことになる。

解答欄＿＿＿＿＿＿

問題8 証書貸付に関する次の記述のうち、誤っているものはどれですか。

1 証書貸付は、設備資金などの長期資金の融資に用いられる。

2 証書貸付の割賦返済のうち、元利均等返済とは、毎月の元金返済額が一定で、それに利息が加わる返済方式である。

3 証書貸付で使用する金銭消費貸借契約証書には、融資金額、資金使途、融資利率、返済方法・利払方法など、契約内容が細かく記載されている。

解答欄＿＿＿＿＿＿

問題9 代理貸付に関する次の記述のうち、正しいものはどれですか。

1 代理貸付とは、受託金融機関が委託金融機関との業務委託契約に基づいて、委託金融機関の代理人となり、委託金融機関の資金を代理して取引先に融資することである。

2 代理貸付を行う場合、受託金融機関は委託金融機関の代理人ではあるが、保証責任を負っているわけではない。

3 代理貸付した資金が、資金使途どおりに使用されているか確認できれば、領収書などの写しを提供してもらう必要はない。

解答欄＿＿＿＿＿＿

問題10 融資期間と返済に関する次の記述のうち、誤っているものはどれですか。

1 運転資金の融資は、融資期間が短期であるため、原則として一括返済となる。

2 融資金の返済期間は、資金使途や返済資源、返済能力、担保の条件などにより決定する。

3 融資金の返済原資は、売掛金の回収遅れによる運転資金の場合、その売掛金を回収した資金が返済原資と考えられ、長期の運転資金や設備資金の場合は、今後、企業があげる収益が返済原資となる。

解答欄＿＿＿＿＿＿

問題 11 保証人・担保の確認に関する次の記述のうち、誤っているものはどれですか。

1 担保・保証は、融資金（債権）の回収をより確実にするための仕組みである。

2 保証人は、債務者本人が融資金を返済できなくなった場合に、本人に代わって融資金を銀行に返済することを保証するので、保証人がいる場合は、債務者本人の担保の有無などを確認する必要はない。

3 無担保融資の場合には、第三者保証人や物的担保のある場合に比べて、債権保全面についてより慎重に検討し、回収に不安がないかどうかを判断しなければならない。

解答欄　＿＿＿＿＿＿

問題 12 運転資金に関する次の記述のうち、正しいものはどれですか。

1 企業の生産や売上高が増加するのに伴って、手持ちの在庫や売掛金、受取手形が増加し、支払いも増加するために必要となる資金を「経常運転資金」という。

2 入金を予定していた資金が、突発的な事情により入らなかった場合などに必要となる資金を「つなぎ資金」という。

3 季節商品などの場合、予測を誤って過剰在庫となると、次の需要期まで在庫として持たなければならず、場合によっては、流行遅れになりかねない危険性が高いが、この在庫の維持のために必要となる資金を「季節資金」という。

解答欄　＿＿＿＿＿＿

問題 13 信用調査に関する次の記述のうち、正しいものはどれですか。

1　融資の実行にあたっては、融資先が優良取引先であれば、資金の効果的運用能力や返済能力をもっているかなどについての調査・確認は不要である。

2　個人と融資取引を行う場合には、取引相手に行為能力があるかどうかの確認と、本人であることの確認、信用情報の確認が調査のポイントとなる。

3　資格調査にあたっては、本人であることを確認するために、成年後見にかかる登記事項証明書や家庭裁判所の審判書の提出を求める。

解答欄　　　　　　　

問題 14 法人との取引に関する次の記述のうち、正しいものはどれですか。

1　代表権のある役員の交代が頻繁な場合は、企業の内紛等が考えられ、注意する必要がある。

2　企業の登記事項証明書の事業目的が多い場合は、企業の繁栄を表し活発な活動状況がうかがえ、銀行取引には有利である。

3　法人の代表者が死亡した場合、その法人の存続に影響するので、取引を解消し、改めて新規に取引することになる。

解答欄　　　　　　　

問題 15 企業の経営者に関する次の記述のうち、誤っているものはどれですか。

1 経営者が、経営にあたって確固たる経営方針を持っているかどうかは、経営者の経営能力の有無を判断するうえで重要な要素となる。

2 経営者が、企業の実態について十分に計数把握できているかどうかは、企業の実態を把握するだけではなく、経営者の経営能力の有無を判断するうえでも重要な要素となる。

3 経営者の人柄から推測される経営手腕は、その企業の発展の原動力となるが、経営者の個人資産まで調査する必要はない。

解答欄＿＿＿＿＿＿＿＿

問題 16 不動産登記簿（登記事項証明書）に関する次の記述のうち、誤っているものはどれですか。

1 不動産登記簿の権利部（甲区）欄では、所有権に関する事項を確認することができ、権利部（乙区）欄では、所有権以外の権利に関する事項を確認することができる。

2 融資取引の安全性を確保するためには、不動産登記簿に所有権者と登記されている者と契約をする必要がある。

3 マンションの各部屋（区分建物）の登記簿は、建物全体の表題部と、区分された専有部分の表題部・権利部で構成されている。

解答欄＿＿＿＿＿＿＿＿

問題 17 機械設備等の調査に関する次の記述のうち、正しいものはどれですか。

1 中小企業は、大企業に比べて従業員1人当たりの機械設備額が比較的高い。

2 生産に必要な設備が整っていれば、機械の老朽化はある程度度外視しても差し支えない。

3 リース利用のメリットとしては、毎月のリース料が少額ですむので、購入の場合のように、一時に多額の資金を必要とせず、資金効率を高めることができる点にある。

解答欄＿＿＿＿＿＿

問題 18 財務分析の基本に関する次の記述のうち、正しいものはどれですか。

1 財務諸表の計数分析には、収益性の分析、安全性（安定性・流動性）の分析、効率性の分析および成長性の分析の4つがある。

2 成長性の分析では、売上高の現状、経費の使い方、販売効率などを読み取る。

3 財務分析の基本的な資料としては、貸借対照表、損益計算書、株主総会議事録などがある。

解答欄＿＿＿＿＿＿

問題 19　貸借対照表に関する次の記述のうち、誤っているものはどれですか。

1　貸借対照表とは、企業が一定期間の経営活動した結果、ある一定時点の企業の財政状態を表したものである。

2　借方には、企業の資本の調達状況が表示され、貸方には、企業がその資本で、どのような資産を有し、運用しているかが表示されている。

3　流動資産では現金・預金、受取手形、売掛金に、流動負債では支払手形、買掛金、短期借入金、未払費用に注目する必要がある。

解答欄＿＿＿＿＿＿

問題 20　損益計算書に関する次の記述のうち、誤っているものはどれですか。

1　損益計算書には、勘定式と報告式の2つの形式がある。

2　営業外収益や営業外費用は、本来の営業活動以外で臨時的に発生した収益や費用をいう。

3　損益計算書は、1会計期間の企業の経営成績を表示したものであり、この期間に属するすべての収益と、その収益をあげるために使った費用との差額を計算し、純損益を表したものである。

解答欄＿＿＿＿＿＿

問題 21 財務分析の手法に関する次の記述のうち、正しいものはどれですか。

1 固定比率は、固定資産が自己資本の範囲内でまかなわれているかどうかをみる比率で、高いほど良いとされている。

2 当座比率は、現金や預金、受取手形や売掛金、棚卸資産などの当座資産と流動負債の割合をみる比率で、高いほど良いとされている。

3 総資本回転率は、売上高に対する投下資本の回転速度や効率を示す比率で、回転が速いほど企業の収益性は高い。

解答欄＿＿＿＿＿＿

問題 22 成長性を分析する比率に関する次の記述のうち、正しいものはどれですか。

1 安全性があったとしても、企業に今後の成長性がなくては、長期的にみた場合に安全性があるとはいえない。

2 売上の増加は利益の増加に結びつくので、売上高増加率によって企業の成長度合いをみる必要がある。

3 売上の増加には、製品単価の値上げと販売数量の増加があるが、製品単価の値上げによって売上が増加した場合には、当然、その企業が成長していると判断することができる。

解答欄＿＿＿＿＿＿

問題 23 損益分岐点分析に関する次の記述のうち、誤っているものはどれですか。

1 損益分岐点とは、収益（売上高）＝ 費用（変動費＋固定費）となって、損益がゼロの状態となる点であり、その時点での売上高を損益分岐点売上高という。

2 損益分岐点比率は、現在の売上高と損益分岐点売上高の関係を示したもので、この比率は高いほど良く、この数値が 90%以上の企業は経営体質が安定しているとされる。

3 損益分岐点分析法とは、損失と利益の分岐点、つまり、損益分岐点となる売上高や生産量を使って、その企業の収益性について検討する方法である。

解答欄＿＿＿＿＿＿＿

問題 24 守秘義務に関する次の記述のうち、誤っているものはどれですか。

1 銀行員がお客さまの秘密を正当な理由もなく第三者に漏らした場合には、守秘義務違反として、債務不履行に基づく損害賠償責任や、不法行為による民事上の損害賠償責任を負うことになる。

2 犯罪収益移転防止法に基づく疑わしい取引の届出、行政機関による開示請求等の法令の規定に基づく情報提供については、必要最小限度の範囲で守秘義務が免責される。

3 銀行間の信用照会制度は、「回答結果に対してお互いに責任の追及をしない」ことを前提としているので、回答銀行が誤った事実を回答しても法的責任はない。

解答欄＿＿＿＿＿＿＿

問題 25 担保に関する次の記述のうち、誤っているものはどれですか。

1 担保とは、債務が履行されない場合に備えて、あらかじめ銀行が債務者または第三者との契約によって提供させる有形・無形の財産をいう。

2 物的担保とは、特定の財産または権利を債権の担保とするもので、抵当権や質権の場合、回収不能となったときにその財産を処分して債権の回収にあてることができる。

3 人的担保とは、ある人の信用を担保するもので、保証ではなく、その人の人柄を重視するものである。

解答欄＿＿＿＿＿＿

問題 26 不動産を担保にとる場合の調査に関する次の記述のうち、正しいものはどれですか。

1 不動産を担保にとる場合、まず、目的の不動産の所有者について調査することからはじめる。

2 不動産の所有者が融資申込人ではなく、融資申込人の家族や第三者が所有者である場合は、必ず面接して所有者の意思を確認した上で、契約書の抵当権設定金額を融資申込人本人に記入してもらう。

3 担保にする土地のある位置や形状は、市町村役場に備えられている公図や地積測量図を見て調べる。

解答欄＿＿＿＿＿＿

問題 27 土地の価格に関する次の記述のうち、正しいものはどれですか。

1 都市計画区域内等で国土交通省が定める標準地における1月1日時点の1㎡当たり土地単価を「基準地価格」という。

2 相続税の算出基礎とするために求められる土地の評価額を「路線価」という。

3 各都道府県が定めた基準地における1㎡当たり土地単価を「公示価格」という。

解答欄＿＿＿＿＿＿

問題 28 質権または譲渡担保に関する次の記述のうち、誤っているものはどれですか。

1 債権者が、その債権の担保として債務者または第三者から提供を受けた動産または不動産を、債務が弁済されるまで債権者のもとにおいておき、弁済されない場合には当該物件を換価して、その金銭で他の債権者よりも優先して弁済を受ける権利を質権という。

2 質権の目的となる担保物件は、銀行にとって管理が容易で、質権設定者にとっては、質権を設定しても営業などに支障をきたさないものがよく、預金証書、有価証券、営業用自動車などが適切である。

3 譲渡担保とは、担保物件の所有権を債権者に譲渡し、一定期間内に債務の弁済があれば再び債務者に返還される担保物権をいう。

解答欄＿＿＿＿＿＿

問題 29 抵当権に関する次の記述のうち、誤っているものはどれですか。

1 抵当権とは、担保として契約した目的物（土地・建物などの不動産）の引渡しを受け、債務が弁済されない場合に、その不動産を処分して、その代金から優先的に弁済を受けることができる担保権である。

2 抵当権の物上代位性とは、抵当権設定者（担保提供者）が受けるべき抵当物件の売却代金や損害賠償金、火災保険金請求権に対しても抵当権の効力が及ぶという性質のことである。

3 抵当権の設定契約は、法的には口頭でも成立するが、後日の紛争を避けるためにも、証拠書類として抵当権設定契約書を作成し、登記をする必要がある。

解答欄＿＿＿＿＿＿＿

問題 30 抵当権および根抵当権に関する次の記述のうち、誤っているものはどれですか。

1 普通抵当権とは、特定の債権を担保することを目的として設定されるもので、担保された債権が弁済によって消滅すると抵当権も消滅する。

2 根抵当権とは、一定の範囲に属する不特定の債権を極度額まで担保する抵当権のことである。

3 根抵当権が担保する債権は、現在発生している債権に限られ、将来発生する債権は除かれている。

解答欄＿＿＿＿＿＿＿

問題31 抵当権の設定等に関する次の記述のうち、誤っているものはどれですか。

1 抵当権の優先順位は、登記の順序によって決まる。

2 抵当権設定の登記をすれば、この登記以後の目的不動産の第三取得者、後順位抵当権者、目的物の差押債権者に対して、自己の抵当権の存在やその優先順位を主張することができる。

3 建物がない土地（更地）に抵当権を設定した場合には、抵当権設定登記後、抵当地上に建物を建てられても、抵当権はその建物に及ぶ。

解答欄＿＿＿＿＿＿

問題32 保証に関する次の記述のうち、正しいものはどれですか。

1 保証とは、債務者が債務を履行しない場合に、保証人が債務者に代わって債務を履行することをいう。

2 保証は、特定の財産が担保の目的となっているので、保証人の特定した財産が担保される。

3 保証契約は、原則として、債権者と債務者、保証人の三者の間で締結する。

解答欄＿＿＿＿＿＿

問題 33 連帯保証に関する次の記述のうち、正しいものはどれですか。

1 保証人が債務者と連帯して保証債務を負担する保証を連帯保証というが、融資取引では、保証約定書に連帯保証の特約がないので、個別に締結しなければならない。

2 連帯保証人には催告の抗弁権と検索の抗弁権があるので、債務不履行があった場合に、債権者から履行を請求されても、まず債務者に先に請求するよう主張することができる。

3 連帯保証人には分別の利益がなく、連帯保証人が数人いても、それぞれに全額の保証債務を請求することができる。

解答欄＿＿＿＿＿＿

問題 34 経営者保証ガイドラインに関する次の記述のうち、正しいものはどれですか。

1 金融機関は、在庫や機械設備、売掛金などの資産を担保とする融資など経営者保証の機能を代替する融資手法のメニューの充実を図ることが求められる。

2 経営者保証の契約時には、融資の安全性を確保するため、保証金額は、融資額と同額に設定することが求められる。

3 保証債務の履行にあたって、債権者は、回収見込額を考慮し、経営者の安定した事業継続、事業清算後の新たな事業の開始等のため、事業に関係のない自宅等を残存資産に含めないことが求められる。

解答欄＿＿＿＿＿＿

問題 35 融資の実行にあたって必要となる書類に関する次の記述のうち、誤っているものはどれですか。

1 融資実行時における必要書類の確認にあたって、一部の書類に不備があっても、お客さまが顔見知りであるからという理由で、そのまま便宜的に取り扱うようなことは、絶対に避けるべきである。

2 融資の実行に必要な書類は、はじめて融資取引をする場合と、すでに融資取引のある場合とでは、その書類の内容が変わってくる。

3 銀行取引約定書を取り交わすことによって、はじめて銀行に融資義務が生ずる。

解答欄＿＿＿＿＿＿

問題 36 署名捺印および記名押印に関する次の記述のうち、誤っているものはどれですか。

1 署名は自筆で手書きが原則で、筆記用具については鉛筆使用を含めて特に制限はない。

2 法律では、契約書の中に、本人の署名か、本人の意思に基づく押印があれば、法的効力を持つとされている。

3 法人の場合は、法人名・肩書・代表者氏名が必要であり、代表者の肩書を欠くときは、後日紛争が生じるおそれがあるので、注意しなければならない。

解答欄＿＿＿＿＿＿

問題 37 手形貸付実行後の管理に関する次の記述のうち、正しいものはどれですか。

1 手形貸付や商業手形の期日延期については、債権が消滅することはないが、更改として債権の内容を変更したものとみなされる危険があるので、十分注意する必要がある。
2 手形書替が行われた場合には、旧手形をお客さまに返却するのが原則的な取扱いである。
3 手形貸付は、証書貸付と違って融資期間が長期になるので、実行後の事務管理も長期間にわたることになる。

解答欄＿＿＿＿＿

問題 38 相殺に関する次の記述のうち、正しいものはどれですか。

1 相殺とは、債権と債務を対当額で消滅させる一方的な意思表示をいう。
2 相殺をするためには、当事者間に同種の債権の対立があることと、相手方の同意が必要となる。
3 相殺の要件を満たす債権が対立し、いつでも相殺可能な状態を相殺適状といい、相殺を行っても、相手への通知は不要である。

解答欄＿＿＿＿＿

問題 39　相続に関する次の記述のうち、誤っているものはどれですか。

1　相続人が配偶者と被相続人の兄弟姉妹の場合、法定相続分は配偶者が 4 分の 3、兄弟姉妹が 4 分の 1 とされている。

2　債務者の死亡を知ったときには、相続人を住民票等で確認し、必要に応じて相続人の状況や信用状態などを調査する。

3　相続人は、相続開始の時から、被相続人の財産に属した一切の権利義務を承継するので、金銭や預金、不動産などの資産だけでなく、借入金などの債務も同様に相続する。

解答欄＿＿＿＿＿＿

問題 40　相続に関する次の記述のうち、正しいものはどれですか。

1　債務者（被相続人）が死亡すると、手形貸付・証書貸付の債務はそのまま相続人に承継されるが、これらの債務の期限の利益は喪失する。

2　併存的債務引受は、相続人全員を債務者としたまま、そのうちの特定の相続人が全相続債務を引き受ける方法である。

3　不動産担保提供者が死亡した場合、担保物権は無効となるので、担保物権の名義を速やかに相続人に変更してもらうようにする。

解答欄＿＿＿＿＿＿

融資業務
トレーニングドリル
解答集

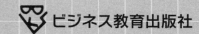ビジネス教育出版社

Let's Try：解答解説

■第1章　まず、知っておきたいこと

1．×　銀行員が顧客の秘密を正当な理由もなく第三者に漏らした場合には、守秘義務違反として、債務不履行、不法行為による民事上の損害賠償責任を負うことになる。
（テキスト p.13 参照）

2．○　「歩積預金」は、手形の割引に際して、割引を行う企業等に割引額の一部を預金させるものであるのに対して、「両建預金」は、融資に際して融資額の一部を預金させるものである。いずれも返済が終わるまで引き出すことができない拘束預金で、過当な歩積・両建預金は独占禁止法の禁じる「優越的地位の濫用」と解され、違反すると業務停止命令や業務改善命令などを受ける場合がある。（テキスト p.15 参照）

3．×　私たちが社会生活を営むうえでの基本的なルールを定めた法律は「民法」で、融資取引に必要な法令の基本となる。
（テキスト p.16 参照）

4．○　個人保証契約の締結にあたっては、保証債務を負担するという意思を形成するだけでなく、その保証債務が実行されることによって自らが責任を負担することを受容する意思を形成するに足る説明を行う。
（テキスト p.18 参照）

5．×　連帯保証契約については、補充性や分別の利益がないことなど、通常の保証契約とは異なる性質を有することについて、相手方の知識・経験等に応じた説明を行う。
（テキスト p.18 参照）

6．○　担保提供者や保証人の意思確認とともに、相手の理解と納得を得られるようなわかりやすい説明を行う必要がある。
（テキスト p.20 参照）

7．×　融資取引を開始する際には、お客さまとの間で「銀行取引約定書」を交わすことになっている。
（テキスト p.21 参照）

8．○　債務者本人や保証人が、暴力団や暴力団員等に該当せず、関係を有していないことの表明、暴力的要求や不当な要求行為等を行わないことの確約に違反した場合は、債務者は銀行から請求があり次第、銀行への一切の「債務の期限の利益」

を失い、直ちに債務を弁済することとされている。　　　（テキスト p.24 参照）

9．○　マンションの管理組合や PTA のように、通常は法人格を持たない団体として組織され、規約等の運営方法や代表者が定められている等の要件を満たしている団体を「権利能力なき社団」という。権利能力なき社団との取引にあたっては、規約の提出を求めて確認したうえで、規約に従って選出された代表者と取引をする。

（テキスト p.27 参照）

10．×　「社長」という肩書は、法律上、代表取締役との関連はない。代表者はあくまで代表取締役であり、登記上も「代表取締役」で登記されている。

（テキスト p.32 参照）

■第 2 章　融資取引の種類は？

11．○　金銭消費貸借契約は、お客さまに金銭（物）を交付することによって成立するという意味で、「要物契約」とされてきたが、債権のルールに関する改正民法が 2020 年 4 月から施行された後は、書面によることを要件として、金銭（物）を交付しなくても合意のみでも消費貸借の成立が認められる（諾成契約）こととなった（同法 587 条の 2）。　　　（テキスト p.36 参照）

12．×　手形貸付は、短期の運転資金や季節資金の借入に利用されることが多い。

（テキスト p.37 参照）

13．○　手形法上定められた 8 つの手形要件（必要的記載事項）のうち、お客さまが記載するのは、金額（借入金額）、支払期日（弁済期日または書替予定日）、振出日（融資実行日）、振出地、振出人の署名の 5 つである。　（テキスト p.38 参照）

14．○　手形貸付の法的性質としては、銀行は民法上の金銭消費貸借契約に基づく貸金債権と手形債権という 2 つの債権を持つことになる。　　　（テキスト p.38 参照）

15．×　手形貸付の貸付利息の日数は、貸出日と返済日の両方を含める「両端入れ」で計算する。　　　（テキスト p.39 参照）

16．○　当初決めた返済日を延長する場合は手形書替を行うが、融資期間中、手形の期日が到来するごとに書き替える場合もある。　　　（テキスト p.39 参照）

17．×　証書貸付には、手形貸付のように書替継続はない。　（テキスト p.40〜42 参照）

18．○　手形割引とは、取引先が商取引で受け取った約束手形や為替手形を、その手形の支払期日の前に取引銀行が買い取る融資方法である。銀行は支払期日までの利

息（割引料）を額面金額から差し引いて買い取る。　　　（テキスト p.42 参照）

19.　×　総合口座の定期預金を担保とした当座貸越を利用できるのは、個人に限られている。　　　（テキスト p.45 参照）

20.　○　提携方式は、銀行が販売会社と提携して購入資金を融資する方式である。

（テキスト p.48 参照）

■第3章　融資の受付・審査

21.　×　融資申込書の記入事項は、必ずお客さま自身に記入してもらう。

（テキスト p.59 参照）

22.　×　通常、運転資金ならば短期、設備資金ならば長期となる。（テキスト p.62 参照）

23.　○　運転資金は、商品や原材料の仕入れ、支払手形の決済や買掛金の支払い、家賃や従業員の給料の支払いなどに使われる資金であり、経常運転資金、増加運転資金、季節資金、つなぎ資金などがある。　　　（テキスト p.65・66 参照）

24.　○　赤字となった原因を解明するために、まず、お客さまの話を聴きながら損益計算書の項目順に、どの段階で赤字が発生しているのかを明確に把握する。そして、その赤字は一時的なものなのか、今後も続くものなのか、さらに拡大するおそれはあるのかを判断することが大切である。次に、赤字解消の見込みと具体的な改善策、改善に要する期間、必要資金量を聴き出し、それらが実現可能なものかどうか、また債権保全はどうかを検討する。　　　（テキスト p.67 参照）

25.　○　法人との融資契約は、代表者と行わなければならない。法人の代表者が誰であるのかは、商業登記簿の登記事項証明書によって確認することができる。

（テキスト p.71 参照）

26.　×　同一物件に2個以上の抵当権が設定された場合の優先順位は、不動産登記簿に登記された順序によって決定される。　　　（テキスト p.82・83 参照）

27.　○　手形の信用調査は、支払金融機関に対して文書や電話で調査する方法（信用照会）をとる。電話だとすぐに回答が得られるので、電話を効果的に活用する。

（テキスト p.90 参照）

28.　×　売上高に対応する原価は「売上原価」である。　　　（テキスト p.96 参照）

29.　×　守秘義務は、取引中のみでなく、取引以前の予備折衝段階においても、また取引終了後においても負担することになる。　　　（テキスト p.106 参照）

30. ×　受付を謝絶した案件については、その理由をはっきり説明して、できるだけ早く申込人に連絡する必要がある。　　　　　　　　　　（テキスト p.109 参照）

■第4章　担保・保証

31. ○　債務者が担保を持っていない場合や、自己の担保だけでは担保価格が不足する場合には、第三者が担保を提供する方法がある。　　　（テキスト p.114 参照）

32. ○　質権の対象は、銀行にとって管理が容易で、質権設定者にとっては質権を設定しても営業などに支障をきたすことのないようなものがよく、たとえば預金証書や有価証券などが適切で、逆に車のような営業用の動産などは不適当である。
　　　　　　　　　　　　　　　　　　　　　　　　　　（テキスト p.118 参照）

33. ×　有価証券担保では、公社債および上場株式などの有価証券を担保とする。
　　　　　　　　　　　　　　　　　　　　　　　　　　（テキスト p.119 参照）

34. ○　抵当権設定契約は、債権者と抵当権設定者（担保提供者）との間で、設定について合意契約を結ぶことによって担保不動産上に成立し、債権者は抵当権を取得することになる。　　　　　　　　　　　　　　　　（テキスト p.120 参照）

35. ×　根抵当権は、一定の範囲に属する不特定の債権を極度額まで担保する抵当権である。　　　　　　　　　　　　　　　　　　　　（テキスト p.121 参照）

36. ○　抵当権の目的物となるものは、登記または登録などによる公示方法が認められている財産に限られている。　　　　　　　　　　　（テキスト p.122 参照）

37. ×　抵当権を第三者に対抗するためには登記をしなければならない。
　　　　　　　　　　　　　　　　　　　　　　　　　　（テキスト p.123 参照）

38. ×　抵当権は、土地の使用・収益を目的とする権利ではないので、農地に抵当権を設定するのは農地法の制限を受けないが、売却するときにこの制限を受ける。したがって、正式担保としては、「市街化区域内の農地」で開発許可を受けていて、かつ転用届が受理されているものに限るべきである。　　（テキスト p.124 参照）

39. ×　事業用融資の第三者個人保証については、契約の締結に先立ち、その締結の日前1カ月以内に、保証人になろうとする者が保証意思を表示した公正証書（保証意思宣言公正証書）を作成する必要がある。　　　　（テキスト p.126 参照）

40. ○　債務者が債権者のために保証人を立てなければならない場合には、保証人は、①行為能力者であること（未成年者などの制限行為能力者でないこと）、②主債務

を弁済できる資力があることが必要とされている。　　（テキスト p.127 参照）

■第5章　融資の実行と管理・回収

41. ○　条件違反融資を行うと、融資担当者はもちろん責任者も含めてその責任を問われることがある。　　　　　　　　　　　　　　　　（テキスト p.142 参照）

42. ×　約定書には、債務者の署名捺印（実印）と、所定の収入印紙（4,000 円）を貼付し、消印をしてもらう。　　　　　　　　　　　　　（テキスト p.143 参照）

43. ○　提出書類は、原則として、すべて契約者本人に書いてもらう。

　　　　　　　　　　　　　　　　　　　　　　　　　（テキスト p.145 参照）

44. ○　融通手形とは、商取引の裏付けがなく、資金繰りに困ったときなどに融通してもらう相手に依頼して、振り出してもらう手形のことで、その手形を銀行、あるいは金融業者などに割り引いてもらい、お金に換えて資金繰りなどに充てる手段である。　　　　　　　　　　　　　　　　　　　（テキスト p.150 参照）

45. ×　手形貸付では、実行後の期日管理が最も重要となる。　（テキスト p.152 参照）

46. ×　更改とは、新しい債権を成立させて旧債権を消滅させる契約をいい、旧債務についていた担保権や保証は消滅する。　　　　　　　（テキスト p.153 参照）

47. ×　取引停止処分を受けて当座勘定取引と貸出取引が停止されるのは、2 年間である。　　　　　　　　　　　　　　　　　　　　　　（テキスト p.156 参照）

48. ○　相殺は、同一当事者間に同種の債権の対立があり、両債権がともに弁済期にある必要がある。　　　　　　　　　　　　　　　　　（テキスト p.157 参照）

49. ○　改正前の民法では、短期消滅時効の特則が設けられ、商法においても商事消滅時効の特例が設けられていたが、2020 年 4 月施行の民法改正によりいずれも廃止され、①債権者が権利を行使することができることを知った時から 5 年間行使しないとき、または、②権利を行使することができる時から 10 年間行使しないときに、そのいずれか早いほうの経過によって時効が完成することとされた。

　　　　　　　　　　　　　　　　　　　　　　　　　（テキスト p.159 参照）

50. ×　当座貸越契約は、被相続人の死亡により終了し、死亡時の貸越残高が相続人によって承継される。　　　　　　　　　　　　　　　（テキスト p.162 参照）

Challenge：解答解説

問題1

1．銀行が国民経済に及ぼす影響力は大きく、金融機能を通じて地域経済の発展に役立つための（①**公共的**）・社会的使命と（②**責任**）を負っており、それを果たすための（③**健全**）な活動が求められている。融資業務を行うにあたっては、（④**法令**）やルール等を逸脱しないように心がけることが大切で、お客さまへの（⑤**説明**）態勢が構築されているか、そしてそれが機能しているかどうかが問われる。　　（テキストp.12参照）

2．銀行取引約定書は、お客さま（企業・事業者）との融資取引の（①**基本**）約定書で、融資取引を（②**開始**）するときに取り交わすことになっており、取引の（③**円滑化**）を図るために、取引のうえで生ずる（④**権利**）や義務等についての（⑤**特約**）が網羅されている。　　（テキスト p. 21・22 参照）

3．任意後見制度は、高齢者など本人が十分な判断能力があるうちに、将来に備えてあらかじめ自らが選んだ（①**代理人（任意後見人）**）に、財産管理等に関する事務について（②**代理**）権を与える任意後見契約を（③**公正証書**）で結んでおき、本人の判断能力が低下した後に、（①**任意後見人**）が、任意後見契約で決めた事務について、（④**家庭裁判所**）が選任する（⑤**任意後見監督人**）の監督のもと本人を（②**代理**）して契約などをすることによって、本人の意思にしたがった適切な保護・支援をすることが可能となる。　　（テキストp.30参照）

4．手形貸付に使用される約束手形の支払場所と（①**受取人**）は（②**自行**）で、満期日は融資金の（③**弁済**）期日または書替予定日、手形金額は（④**貸付金額**）、振出日は（⑤**融資を実行した日**）となる。　　（テキストp.38参照）

5．証書貸付の返済方法には、一括返済と（**①割賦返済**）がある。（**①割賦返済**）による
　返済方法には、毎月返済する元金に利息を加えた金額を均等にする（**②元利均等返済**）
　と、最初の融資金額を（**③返済回数**）で割って、毎回返済する元金を均等にし、そこ
　に利息を加えて返済する（**④元金均等返済**）とがあり、（**②元利均等返済**）は（**⑤住宅
　ローン**）などの返済に用いられる。　　　　　　　　　　　　　　（テキスト p.40・41 参照）

6．融資契約は、当事者の一方が種類、品質および（**①数量**）の同じ物をもって（**②返還**）
　をすることを約し、相手方から（**③金銭**）その他の物を受け取ることによって、その効力
　を生ずるとされている。その意味で融資契約は、（**④金銭の授受**）によってはじめて成
　立する要物契約であると解されてきたが、民法の改正により、（**⑤書面による合意**）が
　ある場合に限って、諾成的消費貸借の成立を認めることとされた。

　　　　　　　　　　　　　　　　　　　　　　　　　　　　　　　　（テキスト p.109 参照）

7．物的担保とは、特定の財産または（**①権利**）を債権の担保とするもので、債権の回収が
　不能となった場合には、その財産を（**②処分**）することで回収にあてることができる。こ
　れに対して人的担保とは、ある人の（**③信用**）を担保とする（「（**④保証**）」という）もの
　で、その人の一般的信用を含めてその人の（**⑤財力**）を引当てとする。

　　　　　　　　　　　　　　　　　　　　　　　　　　　　　　　　（テキスト p.114 参照）

8．抵当権の設定契約は、法的には口頭でも成立するが、後日の紛争を避けるためにも、（**①
　証拠書類**）として契約書（抵当権設定契約証書）を作成する。この契約書は（**②抵当権設
　定登記**）にも必要となる。契約にあたってもっとも注意すべきことは、所有者の（**③担保
　提供意思**）の確認である。法人が担保提供者の場合は、担保提供が定款などに定められた
　法人の（**④目的**）の範囲内の行為であるかどうか、また、（**⑤取締役会**）の承認の有無に
　ついても注意する必要がある。　　　　　　　　　　　　　　　　（テキスト p.120 参照）

9．連帯保証の性質としては、⑴連帯保証人には（①**催告**）の抗弁権も検索の抗弁権も
　なく、（②**債務不履行**）があった場合には、債務者と保証人のどちらに先に（③**請求**）
　しても、またどちらの財産から先に執行してもよいこと、⑵連帯保証人には（④**分別**）
　の利益がなく、連帯保証人が数人いても、それぞれに（⑤**全額**）の保証債務を請求す
　ることができることがあげられる。　　　　　　　　　　　　　（テキスト p.128 参照）

10．署名は（①**自筆で手書き（自署）**）が原則である。また、実務で使われる印章は（②
　実印）で、（③**印鑑証明書**）を差し入れてもらうのが一般的である。署名について注意
　しなければならないのは、⑴個人商店の場合は、通常、（④**個人名**）を記すべきこと、
　⑵法人の場合は、法人名・（⑤**肩書**）・代表者氏名が必要なこと、などである。

　　　　　　　　　　　　　　　　　　　　　　　　　　（テキスト p.143・144 参照）

問題2

（問　1）

①　融資に関する不利益な取引条件の設定・変更

②　自己の提供する金融商品・サービスの購入要請

③　関連会社等との取引の要請

④　競合金融機関との取引の制限

⑤　融資先の事業活動への関与　　　　　　　　　　　　　　（テキスト p.13・14 参照）

（問　2）

①　債務者が破産手続開始の決定を受けたとき

②　債務者が担保を滅失・損傷させ、または減少させたとき

③　債務者が担保を提供する義務を負う場合に、これを提供しないとき

　　　　　　　　　　　　　　　　　　　　　　　　　　　（テキスト p.24 参照）

（問　3）

① 手形の支払人は販売先（得意先）と一致しているか。

② 手形の金額、手形の支払期日は、販売数量、単価、条件に照らして妥当か。

③ 手形支払人と割引依頼人（融資先）の規模からみて不自然さはないか。

（テキスト p.43 参照）

（問　4）

① 利益をあげているかどうか……収益性の分析

② 経営は堅実であるかどうか……安全性（安定性・流動性）の分析

③ 経営は効率的であるかどうか……効率性の分析

④ 企業の発展性はどうか……成長性の分析　　　　（テキスト p.92 参照）

（問　5）

① 付　従　性：被担保債権が存在しなければ抵当権は成立せず、弁済などによって被担
保債権が消滅すれば、抵当権も消滅する性質のこと。

② 随　伴　性：被担保債権が債権譲渡や代位弁済によって第三者に移転すれば、抵当権
もそれに伴って第三者に移転する性質のこと。

③ 物上代位性：抵当権設定者（担保提供者）が受けるべき抵当物件の売却代金や損害賠
償金、火災保険金請求権に対しても、抵当権の効力が及ぶという性質の
こと。

④ 不 可 分 性：被担保債権の一部について弁済があっても、債権が残っていれば、担保
物件すべてについて抵当権の効力が及んでいるという性質のこと。

（テキストp.120・121参照）

問題3

1　収益性を分析する比率

・売上高対経常利益率

経常利益 57÷売上高 908×100＝6.3（%）　　　　　　　　　　　正解　6.3%

・売上高対総利益率（売上総利益率）

売上総利益 208÷売上高 908×100＝22.9（％）　　　　　　　正解　22.9%

2　安定性を分析する比率

・固定比率

固定資産 213÷自己資本 244×100＝87.3（％）　　　　　　　正解　87.3%

・固定長期適合率

固定資産 213÷（自己資本 244＋固定負債 187）×100＝49.4（％）　正解　49.4%

3　流動性を分析する比率

・流動比率

流動資産 346÷流動負債 128×100＝270.3（％）　　　　　　　正解 270.3%

・当座比率

（現金・預金 86＋受取手形 30＋売掛金 103）÷流動負債 128×100＝171.1（％）

正解 171.1%

4　効率性を分析する指標

・棚卸資産回転期間

棚卸資産 61÷月平均売上高（908÷12）＝0.8（月）　　　　　　正解 0.8 月

・固定資産回転率

売上高 908÷固定資産 213＝4.3（回）　　　　　　　　　　　正解 4.3 回

（テキスト p.98〜103 参照）

問題4

（問　1）　正解：1

1　経営者以外の第三者と根保証契約を締結する場合には、原則として、契約締結後、保証人の要請があれば、定期的または必要に応じて随時、被保証債務の残高・返済状況について情報を提供する。誤っている記述であり、正解。

2　経営者以外の第三者との間で個人連帯保証契約を締結する場合は、契約者本人の経営への関与の度合いに留意し、原則として、経営に実質的に関与していない場合であっても保証債務を履行せざるを得ない事態に至る可能性があることについての説明を行うとともに、保証人から説明を受けた旨の確認を行う。正しい。

3　貸付契約に至らない場合には、これまでの取引関係等に応じ、可能な範囲で謝絶の理由等を説明することが求められる。正しい。　　　　　（テキスト p.18・19 参照）

（問　2）　正解：2

1　期限の利益とは、期限がまだ到来していないことにより受ける利益のことで、融資を受けた債務者（融資先）は、期限までは返済する必要はない、ということである。誤り。

2　正しい記述であり、正解。

3　債務者が破産手続開始の決定を受けたときには、債務者は「期限の利益」を喪失する（民法 137 条）。誤り。　　　　　　　　　　　　　（テキスト p.23・24 参照）

（問　3）　正解：1

1　個人の印鑑登録証明書は、市区町村が発行し、印鑑登録者本人または代理人に交付される。銀行は、この印鑑登録証明書に基づいて、約定書に押印された印鑑を照合して、本人であることを確認する。正しい記述であり、正解。

2　個人と取引する際の本人確認では、本人の印鑑登録証明書が重要な役割を果たしている。しかし最近は、本人をかたって詐欺事件を起こすケースが多発している。このような現状を踏まえて、本人確認を徹底するために、印鑑登録証明書はあくまでも本人確認の一手段と考え、あわせて、運転免許証などの顔写真付の本人確認書類で確認する必要がある。誤り。

3　印鑑登録ができるのは、住民基本台帳に記録されている人で、外国人も印鑑の登録

はできる。なお、印鑑の登録は1人1個に限られ、印鑑の登録申請者も本人に限られている。誤り。　　　　　　　　　　　　　　　（テキストp.30・31参照）

（問　4）　正解：3

1　代表取締役は、会社の営業に関する一切の裁判上や裁判外の行為を行う権限を持っている（会社法349条4項）ので、銀行取引の相手方は、代表取締役ということになる。正しい。

2　代表取締役が複数名いる場合は、それぞれ代表権をもっているので、各自が単独で会社を代表できる。したがって、銀行は、申出のあった代表取締役と取引すればよいことになる。正しい。

3　会社における「社長」という肩書は、法律上、代表取締役との関連はなく、単に会社の都合によるものである。登記上も「代表取締役」となっている。誤っている記述であり、正解。　　　　　　　　　　　　　　　（テキストp.32参照）

（問　5）　正解：1

1・2　当座貸越とは、当座貸越契約を結んでおけば、当座預金残高がない場合であっても、あらかじめ設定した貸越極度額の範囲内であれば、手形・小切手の決済が可能な融資方法である。万一、貸越極度額を超えれば決済できなくなるので、当座預金に決済資金を入金（貸越金の返済）してもらうなどしなければならない。2は正しい。
　1が誤っている記述であり、正解。

3　総合口座の自動融資も当座貸越の1つである。正しい。　　（テキストp.45参照）

（問　6）　正解：3

1　融資の受付に際しては、謙虚に誠意をもってお客さまの申込内容に耳を傾け、正確にその内容を理解することが大切である。正しい。

2　融資の受付時には、お客さまが考えていることを全部話してもらう、つまり、聴き上手になることが大切である。正しい。

3　私情や主観を入れずに、お客さまの話の内容を把握するよう心がけることが大切である。誤っている記述であり、正解。　　　　　　　　（テキストp.58参照）

（問　7）　正解：2

1　融資する資金が実際にどのような使い方をされるか、つまり、資金使途を知り、その融資が適正であるのかを検討する必要がある。正しい。

2　融資担当者は、融資の申込みにあたって、直接的な資金使途だけでなく、なぜ必要になったのかを把握することが大切である。誤っている記述であり、正解。

3　「貸すも親切、貸さぬも親切」というのは、必要以上の融資が、必ずしもお客さまのためにはならない、ということである。正しい。　　　　（テキスト p.64・65 参照）

（問　8）　正解：3

1　工場の立地条件としては、周辺に住宅地がなく、交通事情が良好で、輸送コストが低い（取引先に近い）ところが良い。正しい。

2　企業の発展は、主力商品の市場性、収益性によって決まり、その商品の特質、市場性の強弱を把握することが大切である。正しい。

3　原材料や部品などの主要仕入先や商品の主要販売先は、企業の業績や成長に大きな影響を与える。また、販売条件と仕入条件のバランスがとれているかどうかのチェックも必要である。誤っている記述であり、正解。　　　　（テキスト p.86〜89 参照）

（問　9）　正解：1

1　個人情報とは、生存する個人に関する情報であって、氏名、生年月日などにより、その情報の本人が誰であるか特定の個人を識別できるものをいう。正しい記述であり、正解。

2　健康状態や財産の状況など、それだけでは誰の情報かわからないものでも、個人の氏名などと一体となっているなど、他の情報と容易に照合することができ、それにより特定の個人を識別することができるものは個人情報に含まれるが、匿名化された情報で特定の個人を識別することができないものは個人情報に該当しない。誤り。

3　個人情報保護法は、個人情報を取得する場合には、あらかじめ利用目的を明示しなければならないとしているだけであるが、金融庁ガイドラインは、あらかじめ利用目的を明示する書面に確認欄を設けること等により、お客さまの同意を得ることを求めている。誤り。　　　　（テキスト p.107〜108 参照）

（問　10）　　正解：1

1　不動産に抵当権を設定する場合、まず、現在の所有者を確認することからはじまる。
　　1が正しい記述であり、正解。

2　不動産を担保にとる場合には、土地とその土地の上に建築されている建物双方を担
　　保として取得するのが基本である。誤り。

3　不動産担保融資の場合、その不動産の所有者が融資申込人以外の家族や第三者の場
　　合は、必ず面接して所有者（担保提供者）の意思確認をすることが重要となる。誤り。

（テキスト p.115、20、116 参照）

Master：解答解説

問題1 正解：3

1　融資の第一歩は、コンプライアンスを理解することから始まる。銀行は、お客さまの大切な財産を預かり、それを融資したり、有効な資金運用に回しているために、コンプライアンスがとくに重要視されている。正しい。

2　金融機関が融資先の事業活動に不当に関与すると、融資先の事業活動が阻害され、融資先が競争上、不利な地位に置かれるおそれがあり、優越的地位の濫用として独占禁止法で禁止されている。正しい。

3　浮貸しとは、金融機関の役職員が、金融機関の資金や取引先から預かった金銭を、正規の勘定に計上せずに第三者に融資することをいい、出資法3条で禁じられている。設問の文章は、導入預金の説明。誤っている記述であり、正解。

(テキスト p.12～15 参照)

問題2 正解：2

1　銀行取引約定書は、融資取引の基本約定書であるが、住宅ローンをはじめとする消費者ローンや日本政策金融公庫の代理貸付などについては、銀行取引約定書とは別の体系となっている。誤り。

2　銀行取引約定書は、継続的な融資取引を行う場合の基本約定書であるとともに、融資取引全般に共通する事項を定めた共通約定書であり、銀行取引約定書を交わす理由の1つとして、法律ではカバーできない部分を補う必要がある。正しい記述であり、正解。

3　銀行取引約定書は、第1条で適用される取引の範囲を定めており、手形貸付をはじめ、手形割引、証書貸付、当座貸越、支払承諾（債務保証）など、与信取引に関するほとんどすべての科目にわたっているが、預金取引、為替取引などの受信取引には、銀行取引約定書の適用はない。誤り。
(テキスト p.21～23 参照)

問題3 正解：2

1 意思能力とは、自分の行為の結果を判断できる能力のことで、意思能力のない者のした契約は「無効」とされている。誤り。

2 民法は「法人は、法令の規定に従い、定款その他の基本約款で定められた目的の範囲内において、権利を有し、義務を負う」と定めており、法人に権利能力（法人格）を認めている（同法34条）。正しい記述であり、正解。

3 制限行為能力者がした契約は、無効ではなく、「取り消すことができる」とされている。誤り。 （テキスト p.25・26 参照）

問題4 正解：3

1 未成年者との取引には、原則として法定代理人の同意が必要である。正しい。

2 未成年者の法定代理人は、親権者である父母が共同して親権者となる。離婚、死亡等で一方が欠けた場合は、他の一方となる（民法818条）。正しい。

3 親権者がいない場合は、未成年者の親族等の申立てにより家庭裁判所が選任した未成年後見人が法定代理人になる。誤っている記述であり、正解。

（テキスト p.28・29 参照）

問題5 正解：3

1 成年被後見人には、家庭裁判所が選任した成年後見人が付され、成年被後見人の「財産に関する法律行為」につき、成年被後見人の法定代理人としての地位を有する。そして、成年被後見人が成年後見人の代理によらず単独で行った法律行為については、日用品の購入その他日常生活に関する行為を除いて取り消すことができるとされている（民法9条）。誤り。

2 保佐人は成年後見人と異なり、原則として法定代理人としての地位を有しない。誤り。

3 被補助人には補助人が付されるが、本人には一定程度の判断能力があると思われるので、本人である被補助人以外の請求による補助開始の審判には本人の同意が必要とされている。家庭裁判所は、特定の法律行為について、補助人に同意権、取消権や代理権を与えることができる。正しい記述であり、正解。 （テキスト p.29参照）

問題6　正解：2

1　金銭消費貸借契約は、お客さまから融資の申込みがあり、それに対して銀行が承諾し、金銭を貸し出すことによって成立する契約のことである。2020 年 4 月から施行された改正民法で、書面でする消費貸借（諾成的消費貸借）の規定が新設され、書面または電磁的記録による消費貸借契約は、貸主が借主に金銭等を引き渡し、借主が返還することを合意することによって効力が発生することとされた（改正民法 587 条の2）。ただし、この規定は任意規定と解されており、従来どおり金銭を交付することによって契約の効力を生じさせたい場合は、その旨を契約書に特約で定めておく必要がある。誤り。

2　証書貸付は、金銭消費貸借契約証書という借用証書を差し入れてもらう融資方法である。正しい記述であり、正解。

3　手形貸付では、融資を実行するにあたって、お客さまが振り出した、融資額と同額の銀行を受取人とした約束手形を借用証書の代わりに差し入れてもらう。お客さまから借用証書を差し入れてもらわなければ、金銭消費貸借契約が成立しないというわけではない。誤り。
（テキスト p.36〜40 参照）

問題7　正解：1

1　融資額と同額の銀行あての約束手形を借用証書の代わりに差し入れてもらう融資方法が手形貸付である。誤っている記述であり、正解。

2　手形貸付は、資金使途が運転資金であっても設備資金であっても、返済原資や返済計画などから返済期間が短期（ 1 年以内）と判断できる場合に多く利用される。正しい。

3　銀行は、民法上の金銭消費貸借契約に基づく貸金債権と手形債権という 2 つの債権をもつことになり、債権管理上有利な面がある。これが手形貸付の大きな特徴といえる。正しい。

（テキスト p.37・38 参照）

問題8　正解：2

1　証書貸付は、設備資金などの長期資金の融資に用いられる。具体的には、工場などの建設資金、土地・建物などの購入資金、機械購入資金、長期の運転資金などが挙げられる。したがって、長期にわたり企業の収益などで融資金を分割返済していく融資形態である。正しい。

2　毎月の元金返済額が一定で、それに利息が加わる返済方式は「元金均等返済」であり、「元利均等返済」は元金と利息込みで毎月一定額を返済する方式である。誤っている記述であり、正解。

3　金銭消費貸借契約証書には、融資金額、資金使途、融資利率、信用保証協会や地方公共団体の制度融資などによる保証の有無、返済方法・利払方法など、融資の契約内容が細かく記載されている。契約内容について誤解が生じないよう、お客さまの記入前に十分に納得がいく説明を心がけることが必要である。正しい。

（テキスト p.40〜42 参照）

問題9　正解：1

1　代理貸付とは、受託金融機関が委託金融機関との業務委託契約に基づいて、委託金融機関の代理人となり、委託金融機関の資金を代理して取引先に融資することである。正しい記述であり、正解。

2　代理貸付を行う場合、受託金融機関は委託金融機関の代理人であると同時に、保証人でもある。一定の保証責任を負担している。誤り。

3　代理貸付した資金が、資金使途どおりに使用されているか確認し、それを証明する領収書などの写しを提供してもらう必要がある。誤り。　（テキスト p.51・52 参照）

問題10 正解：1

1 運転資金の場合でも、融資期間が短期とは限らない。長期の運転資金もあり、この場合、一括返済が可能とは限らず、資金使途からみて分割返済の可能性もある。誤っている記述であり、正解。

2 融資金の返済期間は、資金使途や返済資源、返済能力、担保の条件などにより決定する。正しい。

3 融資申込みの受付にあたっては、融資金の返済原資が何かを確認することが大切である。たとえば、売掛金の回収遅れによる運転資金の場合は、その売掛金の回収が原資と考えられ、長期の運転資金や設備資金の場合は、今後、企業があげる収益が返済原資として考えられる。正しい。　　　　　　　　　　　（テキスト p.64・65 参照）

問題11 正解：2

1 融資の受付にあたっては、融資金を確実に回収するため、保証人や物的担保の交渉が重要となる。正しい。

2 保証人は、債務者本人が融資金を返済できなくなった場合に、本人に代わって融資金を銀行に返済することを保証するが、必ずしも保証人が返済できるとは限らない。したがって、実務では、債務者本人の担保の有無を確認し、担保を差し入れてもらうことが多い。誤っている記述であり、正解。

3 無担保融資の場合には、第三者保証人や物的担保のある場合に比べて、債権保全面についてより慎重に検討し、回収に不安がないかどうかを判断することが重要である。正しい。　　　　　　　　　　　　　　　　　　　　　　　（テキスト p.63 参照）

問題12　正解：2

1　企業の生産や売上高が増加するのに伴って、手持ちの在庫や売掛金、受取手形が増加し、支払いも増加するために必要となる資金は「増加運転資金」であり、「経常運転資金」は日常の営業活動を行ううえで通常必要となる資金である。誤り。

2　入金を予定していた資金が、突発的な事情により入らなかった場合などに必要となる資金を「つなぎ資金」という。正しい記述であり、正解。

3　需要予測を誤ったために過剰在庫となり、その在庫を維持するのに必要となる資金は「滞貨資金」であり、「季節資金」はボーナス資金や年末資金、納税資金など季節ごとに発生する資金である。誤り。　　　　　　　　　　　　　（テキスト p.65・66 参照）

問題13　正解：2

1　融資を実行するにあたって、融資先が優良取引先等に関係なく、資金の効果的運用能力や返済能力をもっているかなどについては十分に調査し、確認することが重要なポイントである。誤り。

2　個人と融資取引を行う場合の資格調査のポイントは、取引相手の行為能力の確認と本人であることの確認、信用情報の確認である。正しい記述であり、正解。

3　成年後見等にかかる登記事項証明書や家庭裁判所の審判書の提出を求める目的は、行為能力を確認するためである。誤り。　　　　　（テキスト p.68〜70 参照）

問題14　正解：1

1　代表権のある役員の交代が頻繁な場合は、企業の内紛等も考えられるので注意する必要がある。正しい記述であり、正解。

2　その企業の事業目的が多数ある場合、中小企業などでは事業目的が経営規模からみて把握しにくいことがある。とくに事業目的に金融業などの記載がある場合は注意が必要で、警戒しなければならない。誤り。

3　法人の代表者が死亡した場合でも、その法人の存続には影響がないので、新しい代表者による変更手続を行えばよい。誤り。　　　　　（テキスト p.71・72 参照）

問題15 正解：3

1 「企業の能力は経営者の能力」といわれるように、経営者が、経営にあたって確固たる経営方針を持っているかどうかは、経営者の経営能力の有無を判断するうえで重要な要素となる。また、経営に対する真剣な姿勢や、先見性のある洞察力も大切である。正しい。

2 企業の実態を計数的に把握することは、経営者の経営能力の有無を判断するうえでも大切である。正しい。

3 法律的には法人と個人は別であるが、中小企業の場合、実務的には経営者に個人保証してもらうことが多いので、所有不動産などの個人資産も調査する必要がある。誤っている記述であり、正解。 （テキスト p.74・75、83 参照）

問題16 正解：2

1 不動産登記簿（登記事項証明書）の権利部（甲区）欄では、所有権の移転登記、差押え、仮差押え、破産手続など、所有権の登記に関する事項が確認できる。また、権利部（乙区）欄では、抵当権、根抵当権、地上権、賃借権などの設定・抹消など、所有権以外の権利に関する事項が確認できる。正しい。

2 登記には公信力がないので、不動産登記簿上に所有権者と登記されている者と契約をしても、真実の所有権者でなければ、その契約は無効になる。誤っている記述であり、正解。

3 マンションの各部屋（区分建物）の不動産登記簿の表題部は、最初に建物全体の表題部があり、次に、個別の専有部分の表題部が記載されている。正しい。

（テキスト p.78〜82 参照）

問題17　正解：3

1　中小企業は、大企業に比べて従業員の労働力に頼っていることが多く、従業員1人当たりの機械設備額は比較的低い。誤り。

2　生産に必要な設備があっても、機械の老朽化は度外視できない。新しく購入するか、リース対応にするかなど、早めの検討が必要である。誤り。

3　リース利用のメリットは、毎月のリース料は少額ですむので、購入の場合のように、一時に多額の資金を必要とせず、資金効率を高めることができる点にある。正しい記述であり、正解。　　　　　　　　　　　　　　　（テキスト p.84～86 参照）

問題18　正解：1

1　財務諸表の計数分析によって、企業の収益性、安全性（安定性・流動性）、効率性および成長性を読み取る。正しい記述であり、正解。

2　成長性の分析では、業績の伸びぐあい、取扱商品の成長性、産業構造の将来との関係などを読み取る。誤り。

3　財務分析は、貸借対照表、損益計算書、株主資本等変動計算書、個別注記表などの財務諸表（決算書）をもとに行う。株主総会議事録は、経理書類ではなく、総務関係の書類である。誤り。　　　　　　　　　　　　　　　　（テキスト p.92・93 参照）

問題19　正解：2

1　貸借対照表とは、企業が一定期間の経営活動した結果、ある一定時点の企業の財政状態がどうなっているのかを表したものである。正しい。

2　「貸方」は、企業が資本をいかにして調達しているかを表示しており、「借方」は、調達した資金でどのような資産を有し、どのように運用しているかを表示している。誤っている記述であり、正解。

3　流動資産では現金・預金、受取手形、売掛金に、流動負債では支払手形、買掛金、短期借入金、未払費用に注目すべきである。正しい。　　　（テキスト p.93・94 参照）

　正解：2

1　損益計算書には、勘定式と報告式の2つの形式がある。正しい。

2　営業外収益や営業外費用は、受取利息や支払利息、雑収入・雑支出など本来の営業活動以外による収益や費用をいい、本来の営業活動以外で臨時的に発生した収益や費用は、特別利益や特別損失である。誤っている記述であり、正解。

3　損益計算書は、1会計期間の企業の経営成績を表したものであり、この期間に属するすべての収益と、その収益をあげるために使った費用との差額を計算し、純損益を表したものである。正しい。　　　　　　　　　　　（テキスト p.95・96 参照）

問題21　**正解：3**

1　固定資産は長期間にわたって徐々に回収されるもので、財務の健全性の立場からみると、固定資産に投下された資金は、長期的で安定的な資金である純資産でまかなわれることが望ましいという意味から、低いほど良いといえる。誤り。

2　当座資産とは、現金や現金にすぐ換えられる資産のことで、棚卸資産などは除かれる。誤り。

3　総資本回転率（回）は、売上高÷総資本×100 で算出し、回転が速いほど企業の収益性は高いといえる。正しい記述であり、正解。　　　（テキスト p.99〜102 参照）

問題22　**正解：1**

1　正しい記述であり、正解。

2　売上が増加したからといって、それがそのまま利益の増加に結びつくわけではない。誤り。

3　売上の増加には、製品単価の値上げによるものと販売数量の増加によるものがある。製品単価の値上げによる増加だけでは、企業の成長性を判断することはできない。誤り。　　　　　　　　　　　　　　　　　　　　（テキスト p.103・104 参照）

問題 23 　正解：2

1　損益分岐点とは、収益（売上高）＝ 費用（変動費＋固定費）となって、損益がゼロの状態となる点であり、その時点での売上高を損益分岐点売上高という。正しい。

2　損益分岐点比率は、現在の売上高と損益分岐点売上高の関係を示したもので、この比率は低いほど良く、この数値が 90％以上の企業は経営体質が不安定とされる。誤っている記述であり、正解。

3　損益分岐点分析法とは、損益分岐点となる売上高や生産量を使って、その企業の収益性について検討する方法である。正しい。　　　　　　　（テキスト p.104・105 参照）

問題 24 　正解：3

1　銀行員は、取引により知り得た取引先の秘密を第三者に漏らしてはならないという守秘義務を負っている。正しい。

2　犯罪収益移転防止法に基づく疑わしい取引の届出、行政機関による開示請求等（刑事事件による捜査関係事項の照会、税務署の質問検査、家庭裁判所調査官からの依頼）、弁護士法に基づく弁護士会からの照会など法令の規定による場合には、守秘義務は免責される。正しい。

3　信用照会制度は、「回答結果に対してお互いに責任の追及をしない」ことを前提としているが、回答銀行が故意に誤った事実を回答したときなどは、不法行為として法的責任が生ずる場合がある。誤っている記述であり、正解。

（テキスト p.106〜108 参照）

問題 25 　正解：3

1　担保とは、債務が履行されない場合に備えて、あらかじめ銀行が債務者または第三者との契約によって、有形・無形の財産を提供させることをいう。正しい。

2　物的担保とは、特定の財産または権利を債権の担保とするもので、回収不能となった場合には、その財産を処分して債権の回収にあてることができる（留置権を除く）。正しい。

3　人的担保とは、ある人の信用を担保（保証という）するもので、その人の一般的信用を含めてその人の財力を引当てとする。誤っている記述であり、正解。

（テキスト p.114 参照）

正解：1

1　不動産に抵当権を設定できるのは、現在の所有者だけである。まず、目的不動産の所有者について調査することからはじめる。正しい記述であり、正解。

2　不動産の所有者本人が融資申込人の場合は問題ないが、融資申込人の家族や第三者が所有者である場合は、必ず面接して所有者の意思を確認するとともに、契約書の抵当権設定金額も所有者本人に記入してもらう。誤り。

3　担保にする土地のある位置や形状は、法務局に備えられている公図や地積測量図を見て調べる。誤り。　　　　　　　　　　　　　　　　（テキスト p.115・116 参照）

問題 27　**正解：2**

1　国土交通省が定める標準地における 1 月 1 日時点の 1 ㎡当たり土地単価は「公示価格」である。誤り。

2　路線価は、相続税の算出基礎とするために求められる土地の評価額（価格水準は公示価格 8 割程度）で、国税庁が毎年 7 月に発表する。正しい記述であり、正解。

3　各都道府県が定めた基準地における 1 ㎡当たり土地単価は「基準地価格」である。誤り。　　　　　　　　　　　　　　　　　　　　　（テキスト p.117 参照）

問題 28　**正解：2**

1　債権者がその債権の担保として債務者または第三者から提供を受けた動産もしくは不動産または債権を、債務が弁済されるまで債権者のもとにおいておき（動産・不動産の場合）、または処分をおさえ（債権の場合）、債務者の弁済を間接的にうながすとともに、弁済されない場合にはそれを換価または取り立てて、その金銭で他の債権者よりも優先して弁済を受ける権利を質権という。正しい。

2　質権の目的となる担保物件は、銀行にとって管理が容易で、質権設定者にとっては、質権を設定しても営業などに支障をきたさないものがよく、預金証書、有価証券などが適切で、自動車のような営業用の動産などは不適当である。誤っている記述であり、正解。

3　質権や抵当権は、所有権が設定者に残っているのに対して、譲渡担保は担保物件の所有権自体が移転する。正しい。　　　　　　　　　　（テキスト p.118・119 参照）

問題 29 正解：1

1 抵当権とは、担保として契約した目的物（土地・建物などの不動産）の引渡しを受けず、債務が弁済されない場合に、その不動産を処分して、その代金から優先的に弁済を受けることができる担保権である。誤っている記述であり、正解。

2 抵当権設定者（担保提供者）が受けるべき抵当物件の売却代金や損害賠償金、火災保険金請求権に対しても、抵当権の効力が及ぶという性質のことを「物上代位性」という。正しい。

3 抵当権の設定は、抵当権者と抵当権設定者の間の意思表示によってその効力が生じるが、抵当権を第三者に対抗するためには登記をしなければならない。正しい。

(テキスト p.120〜123 参照)

問題 30 正解：3

1 普通抵当権とは、特定の債権を担保することを目的として設定されるもので、担保された債権が弁済によって消滅すると抵当権も消滅し（付従性）、債権が譲渡されると抵当権も移転する（随伴性）。正しい。

2 根抵当権は、一定の範囲に属する不特定の債権を極度額まで担保する抵当権である（「一定の範囲に属する不特定の債権」とは、特定の債権は担保しないということではなく、設定行為によって定められた範囲に含まれる債権であれば、現在すでに発生している債権はもちろん、将来発生すべき特定債権を含めて、全体として極度額の範囲内で不特定の債権を担保するということ）。正しい。

3 根抵当権は、現在すでに発生している債権はもちろん、将来発生すべき特定債権を含めて、全体として極度額の範囲内で不特定の債権を担保する。誤っている記述であり、正解。

(テキスト p.121 参照)

問題 31 　正解：3

1　抵当権の優先順位は、登記の順序によって決まる。正しい。

2　抵当権の設定は、抵当権者と抵当権設定者の間の意思表示によってその効力が生じるが、第三者に対抗するためには登記をしなければならない。正しい。

3　建物がない土地（更地）に抵当権を設定する場合、抵当権設定登記後に建物を建てられると担保価値が下がってしまうので、建物を建てた場合は、その建物も追加担保とする旨の念書を徴求し、常に管理することが大切である。なお、設問のような場合、抵当権設定後に建てられた建物に、自動的に抵当権が及ぶわけではない。誤っている記述であり、正解。　　　　　　　　　　　　　　　　　（テキスト p.123・124 参照）

問題 32 　正解：1

1　保証とは、債務者（融資先）が債務を履行しない場合に、融資先以外の人（保証人）が融資先に代わって債務を履行することをいう。正しい記述であり、正解。

2　物的担保については、保証は、特定の財産が担保の目的となっているわけではなく、保証人の全財産が主債務の限度で担保されている。誤り。

3　保証契約は債権者と保証人との保証契約によって成立する。債務者は保証契約の当事者ではない。誤り。　　　　　　　　　　　　　　　　　　　（テキスト p.125 参照）

問題 33 　正解：3

1　連帯保証は金融機関にとって有利な制度であるため、融資取引では連帯保証の方法をとるのが一般的である。金融機関が融資をするに際して求める保証は、通常、主債務者と連帯して債務履行の責任を負うという特約がなされている。また、この特約がなくても、債権者、債務者の双方かまたは一方が商人である場合の債務の保証は、連帯保証になる。誤り。

2　連帯保証人には催告の抗弁権も検索の抗弁権もないので、債務不履行があった場合には、債務者と保証人のどちらに先に請求しても、またどちらの財産から先に執行してもよい。誤り。

3　連帯保証人が数人いても、それぞれに全額の保証債務を請求することができる。正しい記述であり、正解。　　　　　　　　　　　　　　（テキスト p.128・129 参照）

問題34　正解：1

1　金融機関は、在庫（原材料、商品）や機械設備、売掛金などの資産を担保とする融資（ABL）など経営者保証の機能を代替する融資手法のメニューの充実を図ることが求められる。正しい記述であり、正解。

2　経営者保証の契約時には、保証金額は、保証人の資産および収入の状況、融資額、債務者の信用状況等を総合的に勘案して適切な金額を設定する。誤り。

3　保証債務の履行にあたって、債権者は、保証人の要請を受け、回収見込額を考慮し、経営者の安定した事業継続、事業清算後の新たな事業の開始等のため、一定期間の生計費に相当する額や華美でない自宅等を残存資産に含めることを検討することが求められる。誤り。　　　　　　　　　　　　　　　　（テキスト p.131〜134 参照）

問題35　正解：3

1　お客さまが顔見知りであるからとか、常日頃親しくしているため、後で揃えばいいと、一部の書類が不備のまま、または条件不履行のまま、便宜的に取り扱うことは絶対に避けるべきである。正しい。

2　はじめて融資をする場合には、すべての書類が必要だが、とくに条件がつかない継続融資の場合には、これまでに差し入れてもらった書類があるので、債権証書関係のもの（借用証書、約束手形など）だけを提出してもらうことになる。正しい。

3　銀行取引約定書を交付したからといって、具体的な与信取引が成立するというわけではなく、また融資義務が生ずるものでもない。誤っている記述であり、正解。
　　　　　　　　　　　　　　　　　　　　　　　（テキスト p.142・143 参照）

問題36 正解：1

1 署名は自筆で手書き（自署、サイン）が原則で、筆記用具については特に制限はないが、鉛筆の使用は不可とされている。誤っている記述であり、正解。

2 法律では、契約書の中に、本人の署名か、本人の意思に基づく押印があれば、法的効力を持つとされている（民事訴訟法 228 条 4 項）。自署の場合、法律上、押印は必要ではないが、押印することによって署名者の意思が明確に表現され信用度が高まるとされているため、融資契約の締結にあたっては実印を押してもらい、印鑑証明書を差し入れてもらうのが一般的である。正しい。

3 法人の場合は、法人名・肩書・代表者氏名が必要であり、代表者の肩書を欠くときは、法人の取引か個人の取引かが判然としないため、後日紛争が生じるおそれがあるので、注意しなければならない。正しい。 （テキスト p.143・144 参照）

問題37 正解：2

1 手形貸付や商業手形の期日延期については、更改とみなされ、旧債権が消滅し新債権が発生することになり、いわば融資債権の切り替えが行われ債権の同一性が失われるおそれがあるので、十分注意する必要がある。誤り。

2 手形書替は、返済期日を延期する（同額もしくは減額の場合のみ）ために行われ、手形書替が行われた場合には、新旧手形債権に実質的同一性を認めて、旧手形をお客さまに返却するのが原則的な取扱いである。正しい記述であり、正解。

3 証書貸付は、手形貸付と違って融資期間が長期になるので、実行後の事務管理も長期間にわたる。誤り。 （テキスト p.152〜154 参照）

問題38 正解：1

1 相殺とは、債務者に返済能力がない場合、また返済の意思がない場合で、債権者が債務者に対して同種の債務を持っているときに、その債権と債務を対当額で消滅させる一方的な意思表示をいう。正しい記述であり、正解。

2 当事者間に同種の債権の対立があることが必要だが、相手方の同意は不要である。誤り。

3 相殺の要件を満たす債権が対立し、いつでも相殺可能な状態を相殺適状といい、相殺を行ったら相手に通知しなければならない。誤り。 （テキスト p.157・158 参照）

問題39　正解：2

1　相続人の範囲や法定相続分は、

　　①　相続人が配偶者と被相続人の子の場合は配偶者2分の1、子2分の1

　　②　相続人が配偶者と被相続人の直系尊属の場合は配偶者3分の2、父母3分の1

　　③　相続人が配偶者と被相続人の兄弟姉妹の場合は配偶者4分の3、兄弟姉妹4分の1

とされている。子供、父母、兄弟姉妹がそれぞれ2人以上いるときは、原則として均等に分配する。正しい。

2　債務者の死亡を知ったときには、相続人を戸籍謄本等で確認する。誤っている記述であり、正解。

3　相続人は、相続開始の時から、被相続人の財産に属した一切の権利義務を承継する（民法896条）。したがって、金銭や預金、不動産などの資産だけでなく、借入金などの債務も同様に相続することになる。正しい。　　　（テキストp.160・161参照）

問題40　正解：2

1　債務者が死亡すると、手形貸付・証書貸付の債務は、融資金額をはじめ借入金内容がそのまま相続人に承継され、これらの債務の期限の利益も喪失することはない。誤り。

2　併存的債務引受は、相続人全員を債務者としたまま、そのうちの特定の相続人が全相続債務を引き受ける方法であり、相続人中の債務引受人と債権者である金融機関または債務者との契約によって成立する（民法470条）。正しい記述であり、正解。

3　不動産担保提供者が死亡した場合、担保提供者が債務者本人であっても、第三者であっても、担保物権はそのまま有効である。誤り。　　　（テキストp.161～163参照）